BEI GRIN MACHT SICH IHR
WISSEN BEZAHLT

Andre Budke

Machiavelli pur. Der Principe

GRIN Verlag

Bibliografische Information der Deutschen Nationalbibliothek:

Die Deutsche Bibliothek verzeichnet diese Publikation in der Deutschen National-
bibliografie; detaillierte bibliografische Daten sind im Internet über http://dnb.d-
nb.de/ abrufbar.

Impressum:

Copyright © 2008 GRIN Verlag GmbH
Druck und Bindung: Books on Demand GmbH, Norderstedt Germany
ISBN: 978-3-640-11758-1

Dieses Buch bei GRIN:

http://www.grin.com/de/e-book/94167/machiavelli-pur-der-principe

GRIN - Your knowledge has value

Der GRIN Verlag publiziert seit 1998 wissenschaftliche Arbeiten von Studenten, Hochschullehrern und anderen Akademikern als eBook und gedrucktes Buch. Die Verlagswebsite www.grin.com ist die ideale Plattform zur Veröffentlichung von Hausarbeiten, Abschlussarbeiten, wissenschaftlichen Aufsätzen, Dissertationen und Fachbüchern.

Besuchen Sie uns im Internet:

http://www.grin.com/

http://www.facebook.com/grincom

http://www.twitter.com/grin_com

Machiavelli pur. Der Principe

von

Andre Budke

Machiavelli pur. Der Principe

Machiavelli pur. Der Principe 2
Vorwort: Warum eine Bearbeitung des Principe? 3
Widmung: Niccolò Machiavelli an den erlauchten Lorenzo de' Medici 4
I Von den Arten der Fürstenherrschaft und den Arten, sie zu erwerben 4
II Von der ererbten Fürstenherrschaft 7
III Von der gemischten Fürstenherrschaft 8
IV Warum das Reich des Darius, das Alexander erobert hatte, sich nach dem Tod
Alexanders nicht gegen seine Nachfolger erhob 11
V Wie man Städte und Fürstentümer regieren muß, die, bevor sie erobert wurden, unter
eigenen Gesetzen lebten 13
VI Von neuen Fürstenherrschaften, die man mit eigenen Waffen und durch Tüchtigkeit
erwirbt 15
VII Von neuen Fürstenherrschaften, die man mit fremden Waffen und durch Glück
erwirbt 17
VIII Von denjenigen, die durch Verbrechen Fürstenherrschaft erlangt haben 18
IX Von der bürgerlichen Fürstenherrschaft 19
X Wie die Stärke jeder Fürstenherrschaft zu ermitteln ist 21
XI Von den geistlichen Fürstenherrschaften 22
XII Von den Heeresarten und vom Söldnerwesen 23
XIII Über Hilfstruppen, gemischte und eigene Heere 24
XIV Was einem Fürsten hinsichtlich des Heerwesens obliegt 25
XV Von den Eigenschaften, derentwegen die Menschen und besonders die Fürsten
gelobt oder getadelt werden 26
XVI Von der Freigebigkeit und der Sparsamkeit 27
XVII Von der Grausamkeit und der Milde, und ob es besser ist, geliebt als gefürchtet zu
werden oder umgekehrt 30
XVIII Inwieweit Fürsten ihr Wort halten müssen 31
XIX Darüber, ob man Verachtung und Haß meiden muß 33
XX Ob der Bau von Festungen und viele andere Maßnahmen, die täglich von Fürsten
ergriffen werden, nützlich sind oder nicht 34
XXI Was ein Fürst tun muß, um Ansehen zu gewinnen 36
XXII Über die Minister des Fürsten 37
XXIII Wie Schmeichler zu meiden sind 38
XXIV Warum die Fürsten Italiens die Herrschaft verloren haben 39
XXV Was Fortuna in den Angelegenheiten der Menschen vermag und wie man ihr
entgegentreten soll 40
XXVI Aufruf, sich Italiens zu bemächtigen und es von den Barbaren zu befreien 41
Ausblick: Was macht den idealen Fürsten Machiavellis aus? 43
Literaturverzeichnis 44

Vorwort: Warum eine Bearbeitung des Principe?

Warum gibt es diese kurze Erläuterung zu Machiavellis Principe? Viele gute Gründe ließen sich hierfür anführen. Man könnte ohne Verlegenheit sagen, dass Machiavelli die Politik von der Ethik emanzipiert hat, indem er in seinen Schriften nicht danach fragte, wie ein Herrscher ins Himmelreich kommt, sondern wie er seine Macht und seinen Staat erhält. Man könnte sagen, dass Machiavelli, auch wenn er natürlich ein Kind seiner Zeit ist, Umstände und Eigentümlichkeiten der Politik beschreibt, die sich auch heute noch im Wesentlichen wieder finden lassen. Viele weitere Gründe ließen sich darlegen, aber darum geht es hier nicht.

Ein Hinweis sei allerdings gestattet: Dies ist *kein* Ratgeber à la „Machiavelli für ...", in dem schmerzhaft verkürzt Thesen des Florentiners hingestellt werden, um einer Klientel vermeintlich machiavellistische Verhaltensweisen zu präsentieren, die sie zu Macht und Reichtum führen sollen. Ratgeber dieser Art sind mir, mit Verlaub gesagt, ein Graus. Sie verstümmeln Machiavelli und nutzen seinen Ruf, um Veröffentlichungen zu bewerben, die besser unveröffentlicht geblieben wären.

In dieser kurzen Erläuterung zu Machiavelli berühmtester (und berüchtigtster) Schrift, dem Principe, soll es schlicht und einfach darum gehen, dem Leser einen eigenen und vor allem direkten Zugang zum Principe und zu Niccolò Machiavellis Denken zu eröffnen. Natürlich sollen sich die Leser an Machiavelli reiben, sich ihre Gedanken machen, wenn er augenscheinlich allein Machterhalt und die funktionierende Ordnung als Richtwerte der Politik nennt. Im besten Fall wird auf diese Weise ein Leser angeregt, einen Blick in die Discorsi zu werfen, Machiavellis Hauptwerk, in dem er in einem weitaus bequemeren Rahmen schildert, was für ihn das Wesen der Welt, der Menschen und von Macht und Politik ist.

Ich hoffe, dass es gelungen ist, in dieser kurz gehaltenen Bearbeitung des Principe etwas vom „puren" Machiavelli zu transportieren, auf das die Leser auf sein Werk neugierig werden.

Niccolò Machiavelli beschrieb so treffend: „Dieses Werk habe ich weder mit rhetorischen Floskeln geschmückt und ausgestattet, noch mit hochtrabenden und feierlichen Worten oder irgendeinem anderen äußerlichen Blendwerk und Zierat, mit denen viele ihr Thema aufzuputzen pflegen; denn ich wollte, daß ihm nichts anderes zur Ehre gereiche, als durch die Mannigfaltigkeit des Inhalts und die Bedeutung des Gegenstandes zu gefallen."[1]

---

[1] Philipp Rippel (Hg.): Niccolò Machiavelli: Il Principe. Der Fürst, Stuttgart 1986, S.5.

Widmung: Niccolò Machiavelli an den erlauchten Lorenzo de' Medici

In seiner Widmung an den derzeitigen Herrscher von Florenz, Lorenzo de' Medici, macht Machiavelli ihm den Principe zu Geschenk. Mit dieser Geste will der geschasste Politiker Machiavelli, der ehemals für die Verteidigung der Republik Florenz zuständig war, unter dessen Kommando die von ihm begründete Miliz das aufrührerische Pisa eroberte, und der auch in der Außenpolitik durch mehrere Gesandtschaften unter anderem beim Kaiser und beim König von Frankreich bewandert ist, sich bemerkbar machen. Machiavelli empfindet es als sterbenslangweilig, nicht mehr in der Politik tätig zu sein. Er ist durch und durch ein politicon zoon, ein politisches Wesen. Mit dieser Widmung will er nun seine Loyalität zu den derzeitigen Machthabern von Florenz darstellen.

I Von den Arten der Fürstenherrschaft und den Arten, sie zu erwerben

Kurzzusammenfassung: Die Herrschaftsformen werden vorgestellt: Alle Staaten sind Republiken oder Fürstentümer. Zur weiteren Klassifizierung werden einige Parameter eingeführt: Sind die Herrschaften neu, durch Glück oder Tüchtigkeit erworben?

Zentrales Zitat: „Tutti gli stati, tutti e' dominii che hanno avuto e hanno imperio sopra gli uomini, sono stati e sono o republiche o principati." – „Alle Staaten, alle Reiche, die über die Menschen Macht hatten und haben, waren und sind Republiken oder Fürstenherrschaften."[2]

In seinem ersten Kapitel legt Machiavelli dar, nach welchen Kriterien er Regierungssysteme klassifiziert. Grundsätzlich unterscheidet er zwischen Republiken und Fürstenherrschaften. Bei den Fürstenherrschaften analysiert Machiavelli weiterhin – ganz der Praktiker – danach, ob diese entweder schon seit langer Zeit bestehen und der gegenwärtige Fürst die Herrschaft geerbt hat, oder ob die Herrschaft neu eingerichtet wurde. Da es ein neuer Herrscher je nachdem, wie er an die Macht gekommen ist, mit anderen Herausforderungen zu tun hat, unterscheidet Machiavelli weiter, ob die Herrschaft ein vollkommen neues Gebilde ist, oder ob einfach eine Provinz oder Stadt einer bereits bestehenden Fürstenherrschaft angegliedert wurde.

---

[2] Ebd., S. 8f.

Außerdem fragt Machiavelli, ob die Untertanen vor dieser neuen Herrschaft frei in einer Republik lebten und ihre Angelegenheiten selbst regelten, oder ob sie es schon gewohnt sind, unter einem Fürsten zu leben. Hiermit spricht Machiavelli als einer der wenigen Denker seiner Zeit die Perspektive der Untertanen an. Denn es macht in Hinblick auf ihre Zusammenarbeit mit oder Opposition gegen die neue Herrschaft einiges aus, ob nur ein Fürst den anderen verdrängt hat, oder aber ein Systemwechsel stattgefunden hat.

Machiavelli verharrt nicht bei dem Faktum, dass ein Fürst ein bestimmtes neues Territorium beherrscht. Er fragt, wie es zur Übernahme der Herrschaft gekommen ist. Ging der Machtübernahme ein Krieg voraus, ist es von Bedeutung, ob der Fürst die Gegend mit eigenen oder fremden Waffen eroberte, sprich ob sie die Herrschaft eigener Macht oder der Gnade eines Verbündeten verdanken. Daneben ist für Machiavelli von Bedeutung, ob der Herrscher durch Glück (fortuna) oder Tüchtigkeit (virtù) an die Macht kam, da ein Fürst, den das Schicksal auf seinen Thron setzte, noch nicht bewiesen hat, ob er das Zeug zum Staatsmann hat.

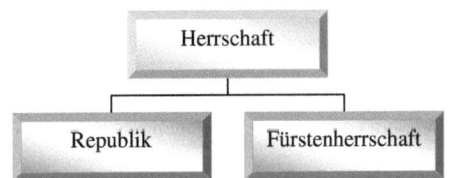

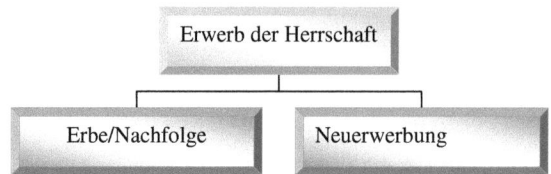

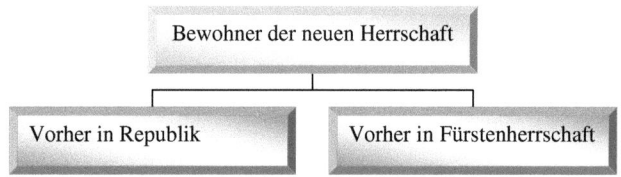

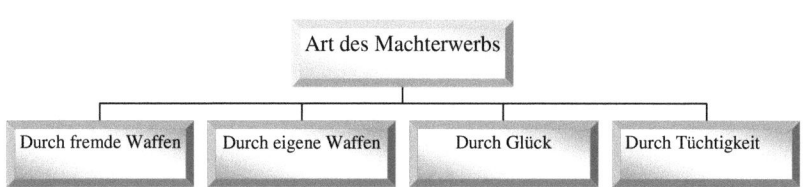

II Von der ererbten Fürstenherrschaft

Kurzzusammenfassung: Es gibt für den neuen Fürsten nur geringe Schwierigkeiten, die Macht zu behaupten. Es genügt, die alten Einrichtungen zu pflegen.

Zitat: „Dico, adunque, che negli stati ereditarii e assuefatti al sangue del loro principe sono assia minori difficultà a mantenerli che ne' nuovi…" – „Zunächst erkläre ich, [dass] in den ererbten Staaten, die an das Geschlecht [ihres] Fürsten gewöhnt sind, viel geringere Schwierigkeiten bestehen, die Macht zu behaupten, als in den neuerworbenen."[3]

Ein Fürst, der die Macht durch Erbfolge in einer bereits vorher bestehenden Herrschaft erwirbt, hat nach Machiavelli keine großen Schwierigkeiten, sich an der Macht zu halten. Dafür spreche, dass die Bevölkerung bereits an das Herrschergeschlecht gewöhnt sei, und es keine Verschlechterung seiner Lage erwarten müsse. Da die politische Herrschaft bereits etabliert sei, müsse der neue Fürst keine Gewalt anwenden, um seine Macht durchzusetzen. Der neue Fürst würde sich also nicht unbeliebt machen bei seinem Volk. Da die Untertanen von ihrem Herrscher Kontinuität erwarteten, müsse der neue Fürst, um an der Macht zu bleiben, allein darauf achten, die politischen Traditionen und Einrichtungen seiner Vorgänger beizubehalten. Wenn er sich dann noch an die jeweils aktuellen politischen Rahmenbedingungen anpasse, gelinge es nach Machiavelli selbst einem Fürst von durchschnittlichen Fähigkeiten[4], seine Herrschaft zu wahren, wenn nichts Unvorhergesehenes passiere.

Vorteile einer Erbfolgeregelung bei Machiavelli

Erbfolge; traditionelle Herrschaft → keine Gewaltanwendung bei Machtübernahme/Wahrung des Status Quo → hohe Akzeptanz bei der Bevölkerung durch geordnete Verhältnisse

---

[3] Ebd.
[4] Ebd., S.11.

III Von der gemischten Fürstenherrschaft

Kurzzusammenfassung: Erobert ein Fürst eine neue Provinz, so erwarten die Menschen eine Verbesserung ihrer Lage durch die neue Herrschaft, erleben aber in der Regel eine Verschlechterung, daher ist ein eben erobertes Gebiet nur schwer zu halten. Hat das neue Gebiet die gleiche Sprache und Sitte wie der Staat, gehört es also zum gleichen Kulturkreis, so ist es noch relativ leicht anzugliedern, besonders wenn das Volk gewohnt ist, nicht frei zu sein; es reicht, das alte Fürstengeschlecht auszulöschen.

Zitat: „Per il che si ha a notare che gli uomini si debbano o vezzeggiare o spegnere; perché si vendicano delle leggieri offese, delle gravi non possono: sí che l'offesa che si fa all'uomo debba essere in modo che la non terma la vendetta." - „Es gilt also festzuhalten, daß man die Menschen entweder verwöhnen oder vernichten muß; denn für leichte Demütigungen nehmen sie Rache, für schwere können sie dies nicht tun; also muß der Schaden, den man anderen zufügt, so groß sein, daß man keine Rache fürchten muß."[5]

In diesem Kapitel beschreibt Machiavelli den Fall, dass eine Neuerworbene Region an einen bereits bestehenden Staat angegliedert wird. Er spricht hier von einer gemischten Fürstenherrschaft. Es sei für den Fürsten zu Beginn der Herrschaft recht schwer, sich zu behaupten. Dies liegt daran, dass die meisten Menschen erwarten, dass sich ihre Lage durch einen Regimewechsel grundlegende verbessert. Nach Machiavelli ist jedoch das Gegenteil der Fall. Es liegt in der Natur der Sache, dass ein Fürst, der ein neues Territorium erhält, zumindest einen Teil der Bevölkerung direkt durch militärische Besetzung oder andere Gewaltanwendungen wie Requirierungen etc. schädigt. Logischerweise sind ihm diese Bevölkerungsteile hiernach nicht wohl gesonnen. Doch auch diejenigen Teile der Bevölkerung, welche die Machtübernahme des neuen Fürsten begrüßt haben oder ihn sogar darin förderten, bleiben dem Fürsten nicht lange Zeit freundlich gestimmt. Machiavelli begründet dies damit, dass Bevölkerungsgruppen, die einen Regimewechsel begrüßen, hohe Erwartungen an das neue Regime haben, welche zumeist enttäuscht werden müssen. Nichtsdestotrotz benötigt der neue Fürst einheimische Unterstützer, weshalb er zu Beginn seiner Herrschaft versuchen wird, den Wünschen einiger Bevölkerungsgruppen gezielt nachzugehen.

---

[5] Ebd., S.16ff.

8

Um das Risiko aufzuschlüsseln, nach dem eine neu erworbene Provinz sich gegen ihren Herren erhebt, unterscheidet Machiavelli mehrere Kriterien. Gehört die erworbene Region zum selben Land wie der Eroberer, hat sie also dieselbe Sprache und die gleichen Sitten, sind die Probleme relativ gering.

Gehört das Gebiet jedoch zu einem anderen Kulturkreis mit eigener Sprache, Sitten und Einrichtungen, ergeben sich Schwierigkeiten. Die einfachste Lösung ist es laut Machiavelli, das der Fürst seinen Wohnsitz in diesem Gebiet nimmt und damit seine Macht und Aufmerksamkeit hier konzentriert. Dies hat den positiven Nebeneffekt, dass die Untertanen einen direkten Zugang zum Herrscher haben, „...so daß sie mehr Grund haben, ihn zu lieben, wenn sie gutwillig sind, und ihn zu fürchten, wenn sie anderen Sinnes sind."[6]

Ein zweites gutes Mittel, seine Herrschaft zu festigen, ist die Ansiedlung von loyalen Bürgern in Form von Kolonien. Diese haben nach Machiavelli einige Vorteile gegenüber einer dauerhaften militärischen Besatzung. Sie sind zum einen deutlich günstiger, genüge es doch, einige Einheimische zu enteignen und die Neusiedler auf ihr Land zu setzen. Zum anderen sind sie loyal, weil sie ihre Güter direkt dem Fürsten verdanken. Die Rache der Enteigneten müsse nicht gefürchtet werden, argumentiert Machiavelli süffisant weiter, denn ihnen fehlten die Ressourcen, um Widerstand leisten zu können. Und die anderen Einheimischen würden sich still verhalten, weil sie nicht geschädigt wurden und zudem fürchten müssten, auch enteignet zu werden, falls sie die Partei der Enteigneten ergriffen. Hieraus leitet Machiavelli den grundsätzlichen Rat ab, dass ein Fürst, wenn er Menschen schädigt, dies in einem Umfang machen muss, der diesen die Grundlage nimmt, sich für den Schaden zu rächen.

In einem fremden Gebiet muss der neue Herrscher zudem darauf bedacht sein, sich lokale Verbündete zu suchen. Hierbei sind nach Machiavelli die schwächeren Herrschaften erste Wahl. Denn diese verfügen nicht über die eigene Stärke, dem neuen Fürsten gefährlich zu werden, und er kann sich zu ihrem Schutzherren gegen die stärkeren lokalen Herrschaften machen, was die schwachen Territorien an ihn bindet.[7]

Abschließend warnt Machiavelli davor, um jeden Preis eine expansive Politik zu betreiben. Nur eine Herrschaft, die über die nötigen Ressourcen dazu verfüge, solle über eine Eroberungspolitik nachdenken. Sonst sei eine derartige Politik „verfehlt und tadelnswert."[8]

---

[6] Ebd., S.17.
[7] Vgl.: ebd., S.19.
[8] Ebd., S.27.

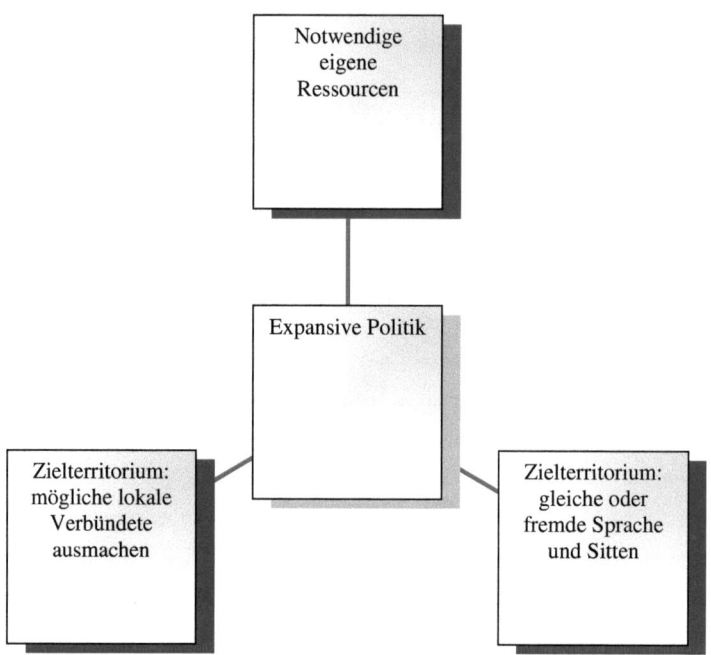

IV Warum das Reich des Darius, das Alexander erobert hatte, sich nach dem Tod Alexanders nicht gegen seine Nachfolger erhob

Kurzzusammenfassung: Machiavelli unterscheidet in Fürstentümern zwischen einer Regierung durch den Fürsten und seine untergebenen Ministerialen auf der einen, und eine Regierung durch den Fürsten und halbautonome Barone auf der anderen Seite. Man könnte dies auch als eine Unterscheidung zwischen einer zentralisierten und einer föderalen Herrschaft bezeichnen.

Zitat: „...[E'] principati de' quali is ha memoria si trovono governati in dua modi divresi: o por uno principe e tutti gli altri servi, e' quali come ministri, per grazia e conzessione sua, aiutano governare quello regno; o per uno principe e per baroni, e' quali, non per grazia del signore, ma per antiquità di sangue, tengano quel grado." – „... Alle Fürstentümer, die von der Geschichte überliefert sind, [sind] auf zwei verschiedene Weisen regiert worden [...]: entweder von einem Fürsten und anderen, die alle seine Diener sind und ihm als Minister dank seiner Gnade seiner Gnade und Billigung helfen, das Reich zu regieren; oder von einem Fürsten und Baronen, die nicht durch die Gnade des Herrschers, sondern aufgrund sondern aufgrund des Alters ihres Adels diesen Rang einnehmen."[9]

Machiavelli unterscheidet hinsichtlich der Organisation einer Regierung in Fürstentümern zwischen der Regierung mithilfe von ministri, welche den Ministerialen des Römischen Reiches entsprachen, und der Regierung mithilfe von Baronen, welche aufgrund ihres Adels über Ländereien verfügen.

Die Regierung mithilfe von Ministerialen hat den Vorteil, dass die Herrschaft zentralisiert wird. Dadurch gibt es nur ein Machtzentrum und damit keine geteilten Loyalitäten im Lande. Auch gibt es keine gegensätzlichen Interessen zwischen Ministerialen und Fürst, da die Ministerialen Untergebene des Fürsten sind und ihre Verfügungsgewalt ganz und gar vom Fürsten ausgeht, der diese wieder zurückziehen kann. Die Ministerialen haben also keine eigene Macht und können dem Fürst daher nicht die Stirn bieten. Der Nachteil dieser Regierungsart ist neben ihrer relativen Trägheit der Umstand, dass ein Invasor, sobald er einmal den Fürsten und beseitigt hat, keinen organisierten Widerstand mehr zu fürchten hat, dass es kein natürliches Führungspersonal mehr gibt.

---

[9] Ebd., S.30f.

Wird die Regierung mithilfe von Baronen ausgeübt, gibt es verschiedene Machtzentren im Land. Neben der zentralen Macht des Fürsten existieren auf unterer Ebene die Barone, deren Macht aus ihren ererbten Ländereien entspringt und durch ihren Adel begründet wird. Dies bedeutet, dass ein oder die Barone in Konkurrenz zum Fürsten treten können, zumal die Bewohner ihrer ererbten Ländereien „…eine natürliche Anhänglichkeit für sie empfinden."[10] Es gibt also in einem derart regierten Land wahrscheinlich ständig unzufriedene ambitionierte Barone. Diese könnten nach Machiavelli dafür empfänglich sein, eine ausländische Macht zu ihrer Unterstützung zu rufen. Es ist also für eine ausländische Macht relativ leicht, einen Anlass für eine Invasion zu finden. Auf der anderen Seite aber reicht es nicht aus, den Fürsten und seine Umgebung zu eliminieren, um allen Widerstand zu ersticken, „…denn es bleiben noch jene Feudalherren, die sich an die Spitze erneuter Umschwünge stellen…"[11] Ein solches Land ist also einfach anzugreifen, aber nur schwer zu halten.

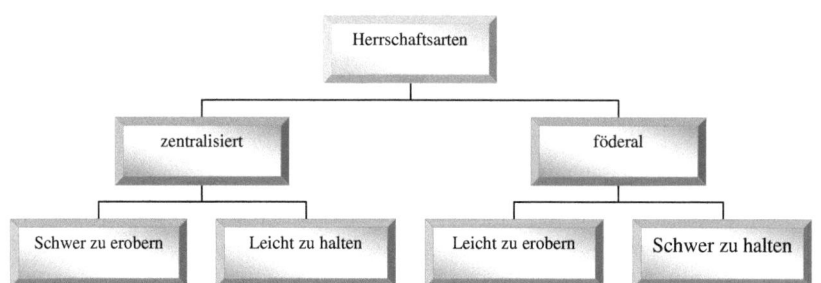

---

[10] Ebd., S.31.
[11] Ebd., S.35.

V Wie man Städte und Fürstentümer regieren muß, die, bevor sie erobert wurden, unter eigenen Gesetzen lebten

Kurzzusammenfassung: Es gibt 3 Methoden, die Herrschaft in einem eroberten Gebiet zu behaupten:

1. Es vernichten (Deportation der angestammten Bevölkerung als sicherstes Mittel)
2. Den persönlichen Wohnsitz des Herrschers dorthin verlegen
3. Die alten Gesetze belassen und eine Marionettenregierung einsetzen (unsicheres Mittel)

Zitat: „Ma nelle republiche è maggiore vita, maggiore odio, piú desiderio di vendetta; né li lascia, né può lasciare riposare la memoria della antiqua libertà: tale che piú sicura via è spegnerle o abitarvi." – „Doch in den Republiken gibt es mehr Leben, mehr Haß, mehr Rachsucht; die Erinnerung an die alte Freiheit läßt sie nicht ruhen, ja kann sie nicht ruhen lassen; darum ist es das sicherste Mittel, sie zu vernichten oder sich dort anzusiedeln."[12]

Im Gegensatz zu eroberten Gebieten, die an einen Fürsten gewöhnt sind, stellen Staaten, in denen vor der Machtübernahme des Fürsten die Bürger ihr Geschick selbst bestimmten, den neuen Herrscher vor große Herausforderungen. Denn nach Machiavelli bleibt die Erinnerung an die alte gewohnte Freiheit lange bestehen und äußert sich beim geringsten Anzeichen von Schwäche der neuen Herrschaft in Aufständen.

Um die Herrschaft in diesem Gebiet zu sichern, ist es daher logischerweise das beste Mittel, die Erinnerung an die Freiheit auszulöschen. Dies könne aber nur dadurch geschehen, dass das bisherige Gemeinwesen aufgelöst wird; sprich, die Bewohner müssen umgesiedelt und zerstreut werden, Machiavelli nennt dies die Vernichtung des alten Gefüges.

Ein zweites probates Mittel, wenn sich das erste Mittel als zu radikal erweist, ist es, dass der Fürst in dem ehemals republikanischem Gebiet seine Residenz nimmt. Hierdurch konzentriert er zum einen Teil seiner militärischen Macht in dieser Region. Darüber hinaus werden ihm Aufstandsbewegungen schnell bekannt und er kann direkt reagieren. Hier muss man sich vergegenwärtigen, dass es in einer Zeit, in der Mobilität und Kommunikation technisch noch stark eingeschränkt waren, zu Zeitverlusten kommen musste, wenn ein Aufstand in einem Winkel des fürstlichen Herrschaftsgebietes stattfand, zu dessen Bekämpfung aber erst der Fürst Befehle geben musste, Truppen bewegt werden mussten etc.

---

[12] Ebd., S.38f.

Ein wenig hilfreiches Mittel, seine Herrschaft zu behaupten, ist für Machiavelli, eine lokale Marionettenregierung einzusetzen. Der Gedanke dahinter ist, dass die Herrschaft mit Hilfe ausgewählter aufrechterhalten wird, was ihr einen Anstrich der Legitimität verleiht, als eine Art Honoratiorenregierung. Diese Regierung bliebe dem Fürsten verpflichtet, da sie von ihm eingesetzt wurde, und „…ohne seine Gunst und Macht nicht bestehen kann…"[13]. Machiavelli bemerkt, dass die Einsetzung einer Marionettenregierung die Herrschaft in einem Gebiet nicht lange zu sichern vermag. Ein Grund hierfür könnte in der Auswahl lokaler Führungspersönlichkeiten liegen. Sind diese doch auch an die traditionelle Freiheit ihrer Heimat gewöhnt. Und selbst wenn sie keine Macht hätten in einer republikanischen Herrschaft und ihren Aufstieg zur Macht allein dem Fürsten verdanken, so ist es doch nur natürlich, dass sie versuchen, sich aus dem Vasallenstatus zu befreien, indem sie die Opposition zum Fürsten fördern und sich lokale Unterstützer sichern, um letztendlich das fremde Joch durch das eigene zu ersetzen.

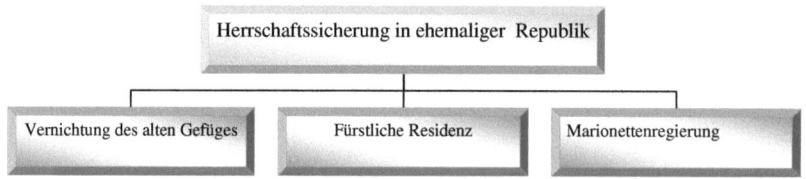

[13] Ebd., S.37.

VI Von neuen Fürstenherrschaften, die man mit eigenen Waffen und durch Tüchtigkeit erwirbt

Kurzzusammenfassung: In neu eingerichteten Herrschaften gestaltet sich die Herrschaft für einen neuen Fürsten je nachdem, ob er durch Glück oder durch Tüchtigkeit an die Macht gekommen ist, schwieriger oder leichter.

Zitat: „E perché questo evento di diventare, di privato, principe, presuppone o virtù o fortuna, pare che l'una o l'altra di queste dua cose mitighi, in parte, di molte difficultà; nondimanco, colui che è stato meno in sulla fortuna, si è mantenuto piú." – „Und da nun einmal das Ereignis, vom Privatmann zum Fürsten aufzusteigen, entweder Tüchtigkeit oder Glück vorraussetzt, so scheint es, daß die eine wie die andere dieser beiden Gaben viele Schwierigkeiten um ein gut Teil vermindert; nichtsdestoweniger hat sich bislang derjenige besser behauptet, der sich weniger auf das Glück verlassen hat."[14]

Diejenigen, die ihre Herrschaft durch Tüchtigkeit schwierig erwerben (neue Ordnung und Bräuche müssen geschaffen werden, hierbei sind bewaffnete Neuerer klar im Vorteil), behaupten sie leicht (weil die inneren Gegner schon bei der Schaffung der neuen Ordnung geschlagen wurden).

Machiavelli führt in diesem Kapitel den Begriff der occasione ein. Seine Definition lautet: „sanza quella occasione la virtú dello animo loro si sarebbe spenta, e sanza quella virtú la occasione sarebbe venuta invano."[15] Auf diese Weise findet Machiavelli eine einfache Erklärung dafür, dass in einem Fall eine tüchtige Person zu Ehren gelangt, während sie in andere tüchtige Personen unbeachtet bleiben. Damit der uomo virtuoso aktiv werden kann – und dies bedeutet in erster Linie, dass er politische Bedeutung erlangt – muss sich ihm die occasione, die Gelegenheit bieten. Nur durch das Zusammenspiel von occasione und virtù konnten nach Machiavelli große Personen wie Moses ihre Wirkung entfalten. So wäre, um bei diesem Beispiel zu bleiben, Moses wahrscheinlich ein einfacher Bürger geblieben, hätte sich das Volk Israel zu seiner Zeit nicht in der Unterdrückung in Ägypten befunden.

---

[14] Ebd., S.40f.
[15] Ebd., S.42.

VII Von neuen Fürstenherrschaften, die man mit fremden Waffen und durch Glück erwirbt

Kurzzusammenfassung: Fürsten, die durch fremde Hilfe und Glück an die Macht kommen, haben große Schwierigkeiten, sich zu behaupten.

Zitat: „Coloro e' quali solamente per fortuna diventano, di privati, principi, con poca fatica diventano, ma con assai si mantengono; e non hanno alcuna difficultà fra via, perché vi volano; ma tutte le difficultà nascono quando e' sono posti." – „Diejenigen, welche durch Glück vom Privatmann zum Fürsten aufsteigen, haben geringe Mühe, aufzusteigen, aber große, sich zu behaupten; ihr Weg bereitet ihnen keine Schwierigkeiten, weil sie ihn im Flug zurücklegen; aber alle Schwierigkeiten beginnen, sobald sie am Ziel sind."[16]

Machiavelli führt an, dass ein Mensch, welcher durch Glück und die Unterstützung anderer zur Macht aufsteigt, einige entscheidende Nachteile hat. Er ist zuerst einmal vom Wohlwollen seiner Unterstützer abhängig. Um dies abzumildern, muss er sich eigene Machtgrundlagen schaffen. Daneben ist es nach Machiavelli „unvorstellbar, daß einer, der immer als Privatmann gelebt hat, zu herrschen verstünde, es sei denn, er wäre von großer Begabung und Tüchtigkeit."[17] Hier trennt sich schnell die Spreu vom Weizen, da sich selbst ein begabter Aufsteiger nur schwer an der Macht halten kann. Als Beispiel nennt Machiavelli Cesare Borgia. Dieser war seinen Zeitgenossen so etwas wie der Inbegriff des skrupellosen, vor extremer Gewalt nicht zurück schreckenden Herrschers. Machiavelli führt ihn als positives Beispiel an. Borgia sei durch seinen Vater, Papst Alexander VI. protegiert worden und letztendlich durch ihn zum Herrn der Romagna aufstieg. Er suchte seine Herrschaft zu festigen und sich damit unabhängig zu machen von der Macht des Papstes. Hierzu bediente er sich List und Betrug und erreichte so, die Anführer der oppositionellen Familien der Orsini und Vitelli umzubringen. Machiavelli ist voll des Lobes. Das Borgias Schicksal mit dem Tod seines päpstlichen Vaters besiegelt ist, bestärkt Machiavelli nur in seiner Aussage, dass ein Herrscher, der durch Glück an die Macht gekommen ist, sich nur schwer halten kann, selbst wenn er so tüchtig sein sollte wie Cesare Borgia.

---

[16] Ebd., S.48f.
[17] Ebd., S.49.

VIII Von denjenigen, die durch Verbrechen Fürstenherrschaft erlangt haben

Kurzzusammenfassung: In diesem Kapitel beschäftigt Machiavelli sich mit Herrschern, die durch Verbrechen an die Macht gekommen sind. Außerdem beschreibt er die mögliche Notwendigkeit von Grausamkeiten und Gewalttaten, wenn zum Beispiel ein neuer Herrscher seinen Status sichern muss.

Zitat: „Non si può chiamare virtù ammanazzare e' sua cittadini, tradire gli amici, essere sanza fede, sanza pietà, sanza religione;…" – „Andererseits kann man es auch nicht Tüchtigkeit nennen, seine Mitbürger umzubringen, seine Freunde zu verraten und ohne Treue, Mitleid und Religion zu sein;…"[18]

In diesem Kapitel beschreibt Machiavelli den Fall, dass ein Herrscher durch Gewalttaten, Verrat oder ähnliche Verbrechen an die Macht. Auf den ersten Blick mutet es seltsam an, dass sich ein auf diese Weise aufgestiegener Fürst halten kann. Erfolg oder Misserfolg macht Machiavelli hier vor allem an der Art des Einsatzes von Grausamkeiten durch den Fürsten fest. Grausamkeiten sind nach Machiavelli ein mögliches Mittel der Machtsicherung. Dieses Mittel könne jedoch wie jedes politische Werkzeug richtig oder falsch eingesetzt werden.

So könne es für einen Fürsten notwendig sein, bei der Erlangung der Macht auch Grausamkeiten einzusetzen, um seinen Anspruch durchzusetzen, und zum Beispiel Konkurrenten und Widersacher auszuschalten. Der Einsatz von Gewalt muss allerdings nach Machiavelli streng kalkuliert werden. „Demnach ist festzuhalten, daß bei der Aneignung eines Staates der Eroberer alle Gewalttaten in Betracht ziehen muß, die zu begehen nötig ist, und daß er alle auf einen Schlag auszuführen hat, damit er nicht jeden Tag von neuem auf sie zurückzugreifen braucht,…"[19] Denn wenn auch Gewalttaten sinnvoll seien könnten, um die eigene Herrschaft zu etablieren; mittelfristig gesichert werden könne sie nur, indem sich der Fürst die Menschen durch Wohltaten für sich gewinnt. Jedwede Wohltat aber, das hat Machiavelli gesehen, erübrigt sich, wenn die Menschen um Leib und Leben fürchten müssen, weil der Fürst täglich neue Gräuel begeht. Wenn der Herrscher also die Gelegenheit verpasst, zu Beginn seiner Herrschaft abzurechnen mit seinen Gegnern, kann er dies später nur um den Preis nachholen, das Volk nicht auf seiner Seite zu haben. Hierdurch werde er genötigt,

---

[18] Ebd., S.66f.
[19] Ebd., S.73.

ständig „...das Messer in der Hand zu halten;..."[20] Klug eingesetzt wird Grausamkeit nach Machiavelli also unmittelbar nach der Erlangung der Macht; sie wird in einem möglichst kurzen Zeitraum möglichst umfassend eingesetzt, damit sie danach nicht mehr notwendig ist, und der Fürst das Volk für sich gewinnen kann.

Öffentliche Unruhen gehen oft auf ungerechtfertigte Grausamkeiten des Fürsten zurück

Ungerechtfertigte Grausamkeit des Fürsten
→ Feindschaft des Volkes
→ Verschwörungen, Unruhen
→ Entweder Sturz des Fürsten oder weitere Grausamkeiten, um die Macht zu halten

IX Von der bürgerlichen Fürstenherrschaft

Kurzzusammenfassung: Die bürgerliche Fürstenherrschaft entsteht entweder durch die Gunst des Volkes oder der Großen (jeweils in Abwehr der anderen Gruppe als Ausdruck gesellschaftlicher Parteikämpfe). Die Behauptung der Macht ist leichter, wenn der Fürst durch das Volk unterstützt wird, der wenigen Mächtigen kann er sich entledigen, des Volkes nicht. Die Freundschaft des Volkes ist zudem leicht zu erhalten, da es nur danach strebt, nicht unterdrückt zu werden. Daher empfiehlt Machiavelli, dass der Fürst sich an das Volk halten sollte.

Zitat: „Praeterea del populo inimico uno principe non si può mai assicurare, per essere troppi; de' grandi si può assicurare, per essere pochi." – „Ferner kann sich ein Fürst niemals gegen ein ihm feindlich gesinntes Volk sichern, da er zu viele Gegner hätte; wogl aber kann er sich gegen die Großen sichern, da sie nur wenige sind."[21]

In diesem Machiavelli beschreibt Machiavelli den Fall, dass ein Bürger nicht durch Gewalt und Verbrechen, sondern durch den Willen seiner Mitbürger Fürst wird. Machiavelli unterscheidet in jeder Gesellschaft zwei Gruppen, die um Einfluss kämpfen. Dies sind die Großen oder Patrizier, von ihm grandi genannt, und das Volk (populo). Beide Gruppen

---

[20] Ebd., S.73.
[21] Ebd., S.76f.

vertreten Entgegengesetzte Interessen. Denn während das Volk in erster Linie frei sein will, wollen die Patrizier das Volk unterdrücken und beherrschen.[22]

Dieser innergesellschaftliche Konflikt hat nach Machiavelli drei mögliche Folgen. Es sind diese die Freiheit, die Anarchie oder eine von einer der Gruppen begründete Fürstenherrschaft.

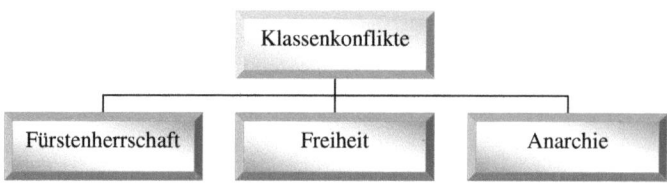

Machiavelli beschreibt die genauen Interessen, die beide Gruppen an einen von ihnen eingesetzten Fürsten knüpfen. Die Patrizier machen, wenn sie bemerken, dass sie das Volk nicht unterdrücken können, einen aus ihrer Gruppe zum Fürsten. Durch seine Macht wollen sie die Unterdrückung des Volkes erreichen. Das Volk hingegen wählt einen Bürger aus seinen Reihen und stattet diesen mit Macht aus, um sie vor der Unterdrückung durch die Patrizier zu schützen. Machiavelli bezieht hier klar Stellung zugunsten des Volkes. Es sei viel einfacher für einen Fürsten, mit Unterstützung der Bevölkerung zu regieren, als mit Unterstützung der Patrizier.

Die Patrizier sehen den Fürsten als primus inter pares. Der Fürst hat also ihnen gegenüber nur wenig Autorität. Also muss er in seinen Tagesgeschäften Rücksicht nehmen.

Dem Volk gegenüber nimmt der Fürst eine herausragende Position ein. Auch bedingt die Ohnmacht des Einzelnen, dass der Fürst in seinen Tagesgeschäften recht frei ist.

Außerdem führt Machiavelli eine moralische Wertung an (!). Die Interessen des Volkes seien ehrenhafter als die der Patrizier, da dieses nur frei sein will, jene aber andere unterdrücken wollen.[23]

---

[22] Vgl.: ebd., S.75.
[23] Vgl.: ebd., S.77.

Machiavelli zieht den Schluss, dass ein Fürst, egal ob er durch die Gunst des Volkes oder der Großen an die Macht gekommen ist, sich mit dem Volk gut stellen muss.

Als Seitenhieb warnt Machiavelli im neunten Kapitel vor der Verlagerung von Herrschaft in die Verwaltung. Der Fürst mache sich hierdurch abhängig vom Wohlwollen der Verwaltungsvorsteher, die ihm in schweren Zeiten in den Rücken fallen könnten. Auf dieses Problem antwortet Machiavelli mit dem Auftrag an den Fürsten, sich und den Staat dem Volk unentbehrlich zu machen, damit diese ihm treu bleiben (müssen).

X Wie die Stärke jeder Fürstenherrschaft zu ermitteln ist

Kurzzusammenfassung: Zentrales Kriterium der Stärke einer Fürstenherrschaft ist für Machiavelli, ob sich der Fürst durch eigene Macht behaupten kann oder er auf den Schutz anderer angewiesen ist? Als Idealbeispiel einer starken Ordnung nennt Machiavelli die deutschen Städte. Diese seien wirtschaftlich unabhängig und durch ihre bewaffnete Bevölkerung gesichert.

Zitat: Die Stärke eines Fürsten bemisst sich daran, „...se uno principe ha tanto stato che possa, bisognando, per se medesimo reggersi, ovvero se ha sempre necessità della defensione di altri." – „...ob ein Fürst so viel Macht hat, daß er sich nötigenfalls aus eigener Kraft behaupten kann, oder ob er zu seinem Schutz immer andere nötig hat."[24]

Die Stärke einer Fürstenherrschaft lässt sich nach Machiavelli direkt daran ablesen, ob der Fürst fähig ist, seine Herrschaft aus eigener Kraft zu erhalten. Diese Eigenständigkeit zeigt sich im Vermögen, jederzeit über genügend Mittel, d.h. Geld und Menschen, zu verfügen, „...um ein ansehnliches Heer aufstellen und jedem eine offene Feldschlacht liefern zu können, der sie angreift..."[25]. Sollte ein Fürst hierzu nicht in der Lage sein, wäre er im Ernstfall von der Gnade seiner Verbündeten angewiesen. Wenn dieser ein gutes Verhältnis zu seinen Untertanen hält und Vorräte anlegt für den Ernstfall, werden Aggressoren auch ihn nur ungern angreifen.

Als Beispiel einer geordneten Herrschaft bezeichnet Machiavelli die deutschen Städte. Diese seien faktisch unabhängig und gehorchten dem Kaiser nur, wenn es ihnen genehm sei. Zudem

---

[24] Ebd., S.82f.
[25] Ebd., S.83.

seien sie gut befestigt und ihre Einwohner in Milizen organisiert, so dass sie ihnen militärisch nur schwer beizukommen sei.

XI Von den geistlichen Fürstenherrschaften

Kurzzusammenfassung: Die Herrschaft über ein geistliches Territorium ist schwer zu erlangen (man muß Geistlicher sein und die Hierarchie durchlaufen), aber sehr einfach zu behaupten, denn sie stützz sich auf tradierte Einrichtungen der Religion, die *jeden* an der Macht halten.

Zitat: „Costoro soli hanno stato, e non defendano; sudditi e non li governano: e li stati, per essere indefesi, non sono loro tolti." - „Nur diese Fürsten haben Staaten, die sie nicht verteidigen, und Untertanen, die sie nicht regieren; aber obgleich ihre Staaten wehrlos sind, werden sie ihnen nicht genommen."[26]

Einen Sonderfall unter den Fürstenherrschaften stellen die zu Machiavellis Zeiten noch verbreiteten weltlichen Herrschaften geistlicher Herren dar. Zu diesen ist der Zugang stark erschwert, da ein Fürst der Amtskirche angehören muss, in ihrer Hierarchie aufsteigen muss, bis er schließlich eine Herrschaft erhält. Jedoch ist der Erhalt der geistlichen Fürstentümer äußerst einfach, da allein die Tradition und die Macht der Kirche die meisten Angreifer und Aufständischen abschrecken.

---

[26] Ebd., S.88f.

XII Von den Heeresarten und vom Söldnerwesen

Kurzzusammenfassung: Jeder Staat, der Bestand haben soll, muss aus stabilen legalen und militärischen Grundlagen stehen. Hinsichtlich der Landesverteidigung ist es von Vorteil, auf einheimische Milizen, d.h. ein Volksheer, zu setzen.

Zitat: „Le mercenarie e aussiliarie sono inutile e periculose: e se uno tiene lo stato suo fondato in sulle arme mercenarie, non starà mai fermo né sicuro; perché le sono disunite, ambiziose, sanza disciplina, infedele; gagliare fra gli amici; fra e'nimici, vile; non timore di Dio, non fede con gli uomini; e tanto si differisce la ruina quanto si differisce lo assalto; e nella pace se' spogliato da loro, nella guerra da' nimici." – „Wer nämlich seine Herrschaft auf Söldner stützt, wird niemals einen festen und sicheren Stand haben; denn sie sind uneinig, herrschsüchtig, undiszipliniert und treulos; mutig unter Freunden und feige vor dem Feind; ohne Furcht vor Gott und ohne Treue gegenüber den Menschen; du schiebst deinen Untergang nur so lange auf, wie du den Angriff aufschiebst; im Frieden wirst du von *ihnen* ausgeplündert und ihm Krieg vom *Feind*."[27]

Neben der guten Ordnung, die ihren Ausdruck findet in guten Gesetzen, die für die innere Stabilität eines Gemeinwesens sorgen, ist auch eine gute militärische Ordnung für den Bestand eines Staates bedeutend.

Hinsichtlich der Heeresorganisation hat ein Fürst nach Machiavelli drei grundsätzliche Möglichkeiten. Er kann auf eine Miliz beziehungsweise ein Volksheer setzen, auf angeheuerte Söldner und Hilfstruppen, oder auf eine Mischung aus beiden.

Machiavelli betont, dass Söldner vollkommen ungeeignet sind. Im Frieden kosten sie Sold, und sie können zur Gefahr für den Staat werden, wenn sie die einzige bewaffnete Macht darstellen. Im Krieg kann man sich nicht auf sie verlassen, da sie bei einem besseren Angebot überlaufen könnten zum Feind und sie auch, da sie außer ihrem Sold nichts mit ihrem Auftraggeber verbindet, selten bereit sind, angemessenen Einsatz zu zeigen.

---

[27] Ebd., S.94f.

XIII Über Hilfstruppen, gemischte und eigene Heere

Kurzzusammenfassung: Hilfstruppen sind nach den Söldnern die zweite nutzlose Heeresart: Zieht ein Fürst mit ihnen in den Krieg, verliert er auf jeden Fall. Unterliegen seine Hilfstruppen, so ist der Krieg verloren, siegen sie, so ist der Fürst ihr Gefangener, d.h. vollkommen abhängig von ihrer und ihres Besitzers Gunst.

Zitat: „Queste arme possono essere utile e buone per loro medesime, ma sono, per chi le chiama, quasi sempre dannose;..." – „Solche Truppen können für ihren Eigentümer gut und nützlich sein, aber dem, der sie ruft, bringen sie fast immer Schaden;..."[28]

Machiavelli rät dringend vom Einsatz von Hilfstruppen ab. Diese seien noch gefährlicher für den Fürsten und seinen Staat als Söldner. Denn während Söldner zumindest eine minimale Bindung haben an den Fürsten, weil er ihren Sold zahlt, sind Hilfstruppen eine völlig abgeschlossene militärische Formation. Um sich die Gefahr, die von Hilfstruppen ausgeht, zu vergegenwärtigen, muss man sich vor Augen führen, was Hilfstruppen sind: Es sind fremde Truppen, die einem Land von einem anderen Staat befristet zur Verfügung gestellt werden. Da der Leihende immer auch damit rechnen muss, dass seine mit hohem finanziellen Aufwand ausgerüsteten und ausgebildeten Truppen im Laufe ihres Einsatzes Schaden nehmen stellt sich die Frage, warum dieser sie verleiht. Im besten Fall werden sie aus Freundschaft zur Verfügung gestellt, und der ausleihende Staat erwartet nicht mehr als die Deckung seiner Kosten und eine Entschädigung für Verluste. Aber es besteht auch die Gefahr, dass ein auswärtiges Land einen eigenen Nutzen durch das Stellen von Hilfstruppen verfolgt. In jedem Fall entsteht ein gewisses Abhängigkeitsverhältnis des Fürsten, welcher auf Hilfstruppen angewiesen ist.

---

[28] Ebd., S.104f.

XIV Was einem Fürsten hinsichtlich des Heerwesens obliegt

Kurzzusammenfassung: Die Kriegskunst ist sowohl für den Erwerb einer Herrschaft als auch für deren Erhaltung von zentraler Bedeutung. Der Fürst muss sich bereits in Friedenszeiten auf den Ernstfall vorbereiten und die militärische Verfassung seines Landes stets im Auge behalten.

Zitat: „Debbe, adunque, uno principe non avere altro obietto né altro pensiero, né prendere cosa alcuna per sua arte, fuora della guerra e ordini e discipplina di essa; perché quella è sola arte che si espetta a chi comanda; [...] E la prima cagione che ti fa perdere quello, è negligere questa arte; e la cagione che te lo fa acquistare, è lo essere professo di questa arte." - „Ein Fürst darf also weder ein anderes Ziel noch einen anderen Gedanken haben oder sich mit irgendeiner anderen Kunst befassen als mit der Kriegskunst, ihren Regeln und der ihr eigenen Disziplin; denn dies ist die einzige Kunst, die man von dem erwartet, der befiehlt; [...] Die erste Ursache, die zu deren [der Herrschaft] Verlust führt, ist die Vernachlässigung dieser Kunst; und das geeignete Mittel für ihren Erwerb besteht darin, in dieser Kunst erfahren zu sein."

Um die Macht zu erlangen und sie zu halten, sieht Machiavelli die Kriegskunst als zentral an. Er geht sogar so weit, zu sagen, dass dies die einzige Kunst ist, von der das Volk erwartet, dass ihr Fürst sie beherrscht.

Der Fürst soll vor allem darauf achten, dass die Wehrhaftigkeit seines Landes hoch ist. Dies bedeutet, dass er für gut ausgebildete und bewaffnete Soldaten sorgen muss, die sich aus seiner Bevölkerung rekrutieren.

Die Kriegskunst umfasst nach Machiavelli auch die persönliche militärische Eignung des Fürsten, also seine körperliche Fitness und die Gewöhnung an Entbehrungen. Wahrscheinlich nahm Machiavelli an, dass die Achtung der Soldaten vor einem Fürsten, der fit ist und sich ähnlichen Fährnissen aussetzt wie seine im Einsatz befindlichen Soldaten, höher ist als vor einem reinen Befehlshaber.

XV Von den Eigenschaften, derentwegen die Menschen und besonders die Fürsten gelobt oder getadelt werden

Kurzzusammenfassung: Machiavelli formuliert in diesem Kapitel, dass Sünden und Tugenden zwar moralisch gleichsam für Fürst und Volk gelten, ein Fürst aber um manche Sünden nicht umhin kommt, um seine Herrschaft zu bewahren. Ebenso können ihn manche Tugenden die Macht kosten.

Zentrale Zitate:

„Onde è necessario a uno principe, volendosi mantenere, imparare a potere essere non buono, e usarlo e non l'usare secondo la necessità." - „Daher muß ein Fürst, wenn er sich behaupten will, die Fähigkeit erlernen, nicht gut zu sein, und diese anwenden oder nicht anwenden, je nach dem Gebot der Notwendigkeit."[29]

„E io so che ciascuno confesserà che sarebbe laudabilissima cosa in uno principe trovarsi, di tutte le soprascritte qualità, quelle che sono tenute buone; ma perché le non si possono avere né interamente osservare, per le condizioni umane che non lo consentono, gli è necessario essere tanto prudente che sappia fuggire l'infamia di quelli vizii che li torrebbano lo stato e da quelli che non gnene tolgano, guardarsi, se egli è possibile..."„Ich weiß wohl, daß ein jeder zugeben würde, es wäre am löblichsten, wenn ein Fürst von allen vorgenannten Eigenschaften nur diejenigen hätte, die für gut gehalten werden; da man sie aber weder alle besitzen noch vollständig verwirklichen kann, insofern die menschliche Natur dies nicht erlaubt, ist es nötig, daß er den schlechten Ruf derjenigen Laster zu vermeiden weiß, die ihn die Herrschaft kosten würden, und daß er sich auch vor solchen Lastern, die ihn nicht um die Herrschaft bringen würden, zu hüten versteht, wenn es ihm möglich ist..."[30]

„Et etiam non si curi di incorrere nella infamia di quelli vizii sanza quali e' possa difficilmente salvare lo stato..." - „Auch darf es ihn nicht kümmern, in den Ruf solcher Laster zu geraten, ohne die er schwerlich seine Herrschaft bewahren könnte..."[31]

Machiavelli setzt seine Schrift in diesem Kapitel klar von den in seiner Zeit üblichen moralisch argumentierenden, Fürstenspiegeln ab. „Da es aber meine Absicht ist, etwas

---

[29] Ebd., S.118f.
[30] Ebd., S.120f.
[31] Ebd., S.120f.

Nützliches für den zu schreiben, der es versteht, schien es mir angemessener, der Wirklichkeit der Dinge nachzugehen als der bloßen Vorstellungen über sie.“[32]. Er formuliert hier den Anspruch, keinen traditionellen Fürstenspiegel zu schreiben, sondern von der „verità effetuale della cosa“, kurz gesagt, von der Realität, auszugehen. In der Forschung wurde dieser Ansatz auch als Machiavellis „Pathos des Tatsächlichen“ bezeichnet.

Machiavelli moniert, dass die bisherigen Ratgeber zwar allesamt moralisch einwandfrei wären, aber ein Fürst, der sich nach ihnen richten würde, „eher seinen Untergang als seine Erhaltung betreibt.“[33]

Nichtsdestotrotz gebe es einige Eigenschaften, wie Frömmigkeit, Treue, Mut usw. , in deren Ruf zu stehen (man bedenke den feinen Unterschied zwischen dem Ruf einer Person und der Person selbst) hilfreich ist. Aber Machiavelli ergänzt, dass es Laster gibt, die für den Machterhalt unerlässlich sind. Darüber hinaus gebe es Tugenden, die einen Menschen privat auszeichneten, einem Fürsten jedoch die Macht kosten könnten.

Machiavelli empfiehlt daher, das Image des Fürsten sorgsam zu wählen.

XVI Von der Freigebigkeit und der Sparsamkeit

Kurzzusammenfassung: In diesem Kapitel wägt Machiavelli ab, ob es besser für den Fürsten ist, den Ruf zu haben, sparsam oder freigiebig zu sein. Er kommt zu dem Schluss, das Sparsamkeit vorteilhafter für den Fürsten ist als Freigiebigkeit.

Zitat: „Pertanto è piú sapienza tenersi el nome del misero, che paturisce una infamia sanza odio, che, per volere el nome del liberale, essere necessitato incorrere nel nome del rapace, che parturisce una infamia con odio.“ - „Daher liegt mehr Klugheit darin, sich mit dem Ruf der Knauserigkeit abzufinden, der zwar Unehre, aber keinen Haß erzeugt, als den Ruf der Freigebigkeit anzustreben und dadurch genötigt zu sein, sich den der Raubgier einzuhandeln, der Unehre und Haß zugleich erzeugt.“[34]

---

[32] Ebd., S.119.
[33] Ebd., S.119.
[34] Ebd., S.126f.

Im Privatleben gilt Freigiebigkeit als eine positive menschliche Eigenschaft. Im 16. Kapitel des Principe legt Machiavelli dar, warum dies für einen Fürsten nicht gilt und weshalb der Fürst darüber hinaus sogar versuchen sollte, in den Ruf zu kommen, sparsam zu sein.

Ein spendabler Fürst, der auch will, dass das Volk ihn als spendable kennt, ist genötigt, große Summen auszugeben, um seine Freigiebigkeit zur Schau zu stellen. Da dies finanziert werden muss, wird er nach Machiavelli über kurz oder lang dazu übergehen müssen, die Steuern zu erhöhen. Mit zunehmender Abgabenlast aber macht sich der Fürst beim Volk unbeliebt und schließlich verhasst. Durch seine Freigiebigkeit hat er vielen Leuten geschadet.

Die Sparsamkeit auf der anderen Seite ist zwar beim Volk nicht beliebt nach Machiavelli, nach einiger Zeit aber werde es erkennen, dass der Fürst klug handelt, mit seinen Einkünften auszukommen. Idealerweise schafft er sich so Rücklagen, damit er im Verteidigungsfall Krieg führen kann oder eine aktive Politik betreiben kann, ohne das Volk außerordentlich zu belasten. Machiavelli kommt zu dem Schluss, dass der sparsame und knauserige Fürst spendabel ist „…gegenüber allen, denen er nichts nimmt, und diese sind zahllos, und knauserig gegenüber allen, denen er nichts gibt, und derer sind wenige."[35]

Machiavelli unterscheidet hier also zwischen privater Tugend und Herrschertugenden. In diesem konkreten Fall heißt das: „Knauserigkeit gehört […] zu jenen Untugenden, die seine [des Fürsten] Herrschaft ermöglichen."[36]

---

[35] Ebd., S.123f.
[36] Ebd., S.125.

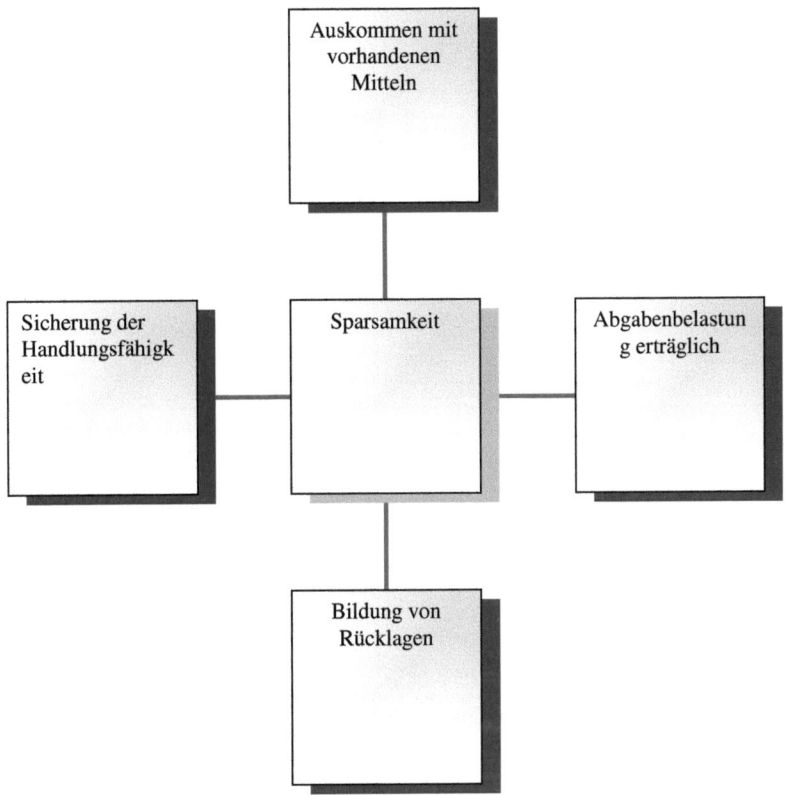

Vermeintliche Freigiebigkeit eines Fürsten wird letztlich durch die Bürger finanziert

Ziel eines Fürsten: Ruf, spendabel zu sein

→ hohe Ausgaben für öffentlichkeitswirksame Beweise der Großzügigkeit

→ Haushaltsdefizite

→ Erhöhung der Einnahmen notwendig

→ Erhöhung der Steuern und Abgaben

→ Resultat: Fürst hat den Ruf, gierig zu sein

XVII Von der Grausamkeit und der Milde, und ob es besser ist, geliebt als gefürchtet zu werden oder umgekehrt

Kurzzusammenfassung: Ein Fürst darf keine Bedenken haben, als grausam zu gelten, wenn die öffentliche Ordnung hierdurch erhalten werden kann.

Zitat: „Debbe, pertanto, uno principe non si curare della infamia di crudele, per tenere li sudditi suoi uniti e in fede;…" - „Einen Fürsten darf es nicht kümmern, der Grausamkeit bezichtigt zu werden, wenn er dadurch bei seinen Untertanen Einigkeit und Ergebenheit aufrechterhält;…"[37]

Natürlich, so führt Machiavelli zu Beginn des Kapitels an, ist es gut für einen Fürsten, wenn er für milde gehalten wird und nicht für grausam. Aber Milde birgt auch eine Gefahr für den Fürsten. Wenn die Menschen einen Fürsten für milde halten, passiere es leicht, dass sie ihm auf der Nase herum tanzen. Um dies zu verhindern, muss der Fürst einige Exempel statuieren, damit die Bevölkerung in seinem Herrschaftsbereich ihn fürchtet und Ruhe und Ordnung erhalten bleiben. Machiavelli argumentiert hier, dass ein Fürst, der aus falsch verstandener Milde die Dinge schleifen lässt, befürchten muss, dass Mord und Raub in sein Land Einzug halten. Während aber durch die Statuierung einiger Exempel nur wenigen Menschen Gewalt angetan worden wäre, werde durch Mord und Raub einem ganzen Gemeinwesen Gewalt angetan. Machiavelli warnt jedoch, dass der Fürst es nicht übertreiben sollte, damit er zwar Furcht erweckt, aber nicht den Hass der Bürger auf sich zieht. Dies solle dadurch erreicht werden, dass die Gewalt nachvollziehbar sein müsse. So müsse es zum Beispiel für eine Hinrichtung immer einen Grund geben, Staatsterror wird hier klar von Machiavelli ausgeschlossen. Außerdem sei von zentraler Bedeutung, dass der Fürst Eigentum (und Frauen) seiner Bürger nicht antaste, „denn die Menschen vergessen schneller den Tod ihres Vaters als den Verlust ihres Erbes."[38]

Die wohldosierte Furcht der Bevölkerung vor ihrem Fürsten sieht Machiavelli als sicherer an, als auf die Zuneigung des Volkes zu vertrauen. „Auch scheuen sich die Menschen weniger, einen zu verletzen, der sich beliebt macht, als einen, den sie fürchten; denn die Liebe wird durch das Band der Dankbarkeit aufrechterhalten, das, weil die Menschen schlecht sind, von

---

[37] Ebd., S.128f.
[38] Ebd., S.131.

ihnen bei jeder Gelegenheit des eigenen Vorteils wegen zerrissen wird; die Furcht aber wird durch die Angst vor Strafe aufrechterhalten, welche dich niemals verlässt."[39] Denn in seinen Augen sind die Menschen, wenn nicht grundsätzlich schlecht, so doch leicht zu korrumpieren.

Der Besitz seiner Bürger ist für einen Fürsten laut Machiavelli tabu

Ungerechtfertigte Übergriffe des Fürsten auf Besitz der Bürger → Hass des Volkes → Unruhen → Sturz des Fürsten oder Einsatz von Gewalt, um an der Macht zu bleiben → Hass des Volkes → Unruhen → …

XVIII Inwieweit Fürsten ihr Wort halten müssen

Kurzzusammenfassung: Es ist für einen Fürsten nicht nötig, alle wichtigen Tugenden zu besitzen (in Notsituationen sind einige von ihnen sogar hinderlich und er muß bereit sein, solange wie möglich gut zu handeln, aber, wenn es die Situation erfordert, moralisch böse zu handeln)m solange er den Anschein erweckt, sie zu besitzen.

Zitat: „Dovete, adunque, sapere come sono dua generazioni di combattere: l'uno con le leggi, l'altro con la forza: quel primo è proprio dello uomo, quel secondo è delle bestie: ma perché el primo molte volte non basta, conviene ricorrere al secondo." – „Ihr müßt nämlich wissen, daß es zweierlei Kampfweisen: die eine mit der Waffe der Gesetze, die andere mit bloßer Gewalt, die erste ist dem Menschen eigen, die zweite den Tieren; da aber die erste oftmals nicht ausreicht, ist es nötig, auf die zweite zurückzugreifen."[40]

Machiavelli beginnt seine Erörterung zur Vertragstreue des Fürsten mit der Feststellung, dass obwohl Aufrichtigkeit und Treue selbstredend hohe moralische Werte sind, in seiner Gegenwart doch oft gerade diejenigen Erfolg hatten, die auf List und Tücke setzten. Machiavelli unterscheidet hier den Kampf mit den Mitteln der Gesetze, und denjenigen mit Gewalt. Ein Fürst müsse, um dauerhaft Erfolg haben zu können, beide Arten anwenden

---

[39] Ebd., S.131.
[40] Ebd., S. 134f.

können. Beispielsweise sei es seine Pflicht, wenn ihm aus der Einhaltung eines Vertrages ein Nachteil erwachse, diesen nicht einzuhalten, wenn es keine zwingenden Gründe hierfür gebe. Er ergänzt süffisant, dass es bisher nie an guten Gründen gefehlt habe, um diese Treulosigkeit zu rechtfertigen.

Überhaupt solle es ein zentrales Ziel des Fürsten sein, stets tugendhaft (treu, fromm, aufrichtig) zu erscheinen. Diese Täuschung sei auch gar nicht schwer zu erreichen, da die meisten seiner Untertanen ihn ohnehin nur von weitem sähen, daher könne dieses Image ohne große Probleme aufrechterhalten werden. Machiavelli empfiehlt also den Mächtigen eine gesunde Prise Heuchelei in ihrem öffentlichen Auftreten.

Darüber hinaus betont er die Bedeutung des Enderfolgs. Seine These ist: Solange ein Fürst erfolgreich ist, zum Beispiel im Krieg oder auch in zentralen politischen Fragen, gibt dieser Erfolg ihm letztlich recht, „...denn der Pöbel läßt sich immer von dem Schein und dem Erfolg mitreißen; und auf der Welt gibt es nur Pöbel;..."[41]

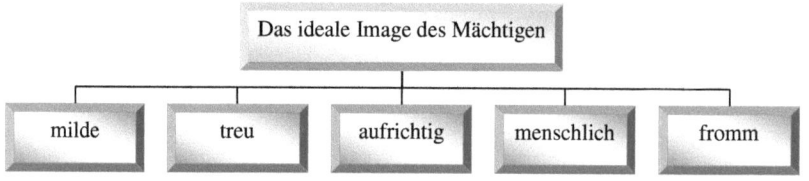

---

[41] Ebd., S.141.

XIX Darüber, ob man Verachtung und Haß meiden muß

Kurzzusammenfassung: Wiewohl es für einen Fürsten erstrebenswert ist, bei seinen Untertanen Furcht zu erwecken, muss er vermeiden, dass diese in Hass umschlägt, denn dies könnte dem Fürsten, der letztendlich auf die Unterstützung des Volkes angewiesen ist, gefährlich werden.

Zitat: „Quel principe che dà di sé questa opinione, è reputato assai; e contro a chi è reputato con difficultà si coniura, con difficultà è assaltato, purché si intenda che sia eccelente e reverito da' suoi." – „Ein ürst, dem es gelingt in solchem Ruf zu stehen, wird hoch geachtet; und gegen einen, der geachtet ist, läßt sich nur schwer eine Verschwörung anzetteln; und es fällt schwer, einen Angriff gegen ihn zu führen, wenn man einmal weiß, daß er hervorragende Fähigkeiten hat und von seinen Untertanen verehrt wird."[42]

Nach Machiavelli ist es von zentraler Bedeutung, dass die Untertanen nicht beginnen, den Fürsten zu hassen, oder ihre Achtung vor ihm verlieren. Hass lässt sich relativ einfach vermeiden. Der Fürst müsse nur darauf das Eigentum seiner Untertanen achten. Die Achtung des Volkes erhält sich der Fürst, indem er vermeidet, als schwächlich zu erscheinen. Machiavelli führt hier an, dass der Fürst vor allem nicht als „…wankelmütig, leichtsinnig, weibisch, furchtsam und unentschlossen…"[43] gelten solle. Im Gegenteil solle der Fürst sich den Ruf von „…Großmut, Kühnheit, Ernst und Stärke…"[44] erarbeiten.

Ein guter Ruf ist nicht dazu da, damit der Umgang zwischen Herr und Volk etwa besser sei. Der Fürst benötigt, damit seine Herrschaft stabil sein kann, die Unterstützung seiner Bevölkerung. Hasst diese ihn und lehnt sich gegen ihn auf, kann er auf lange Sicht nicht an der Macht bleiben. Auch Verschwörungen von Minderheiten gegen ihn sind unwahrscheinlicher, wenn der Fürst die Unterstützung des Volkes hat. Denn zum einen steigt für die Verschwörer die Gefahr der Denunziation, wenn sie gegen einen beliebten Herrscher vorgehen wollen. Zum anderen ziehen sie, falls sie erfolgreich sind und den Herrscher vertreiben oder sogar töten, ihrerseits den Hass der Bevölkerung auf sich, so dass sie sich wahrscheinlich nicht an der Macht halten werden können.

---

[42] Ebd., S.142f.
[43] Ebd., S.141.
[44] Ebd., S.143.

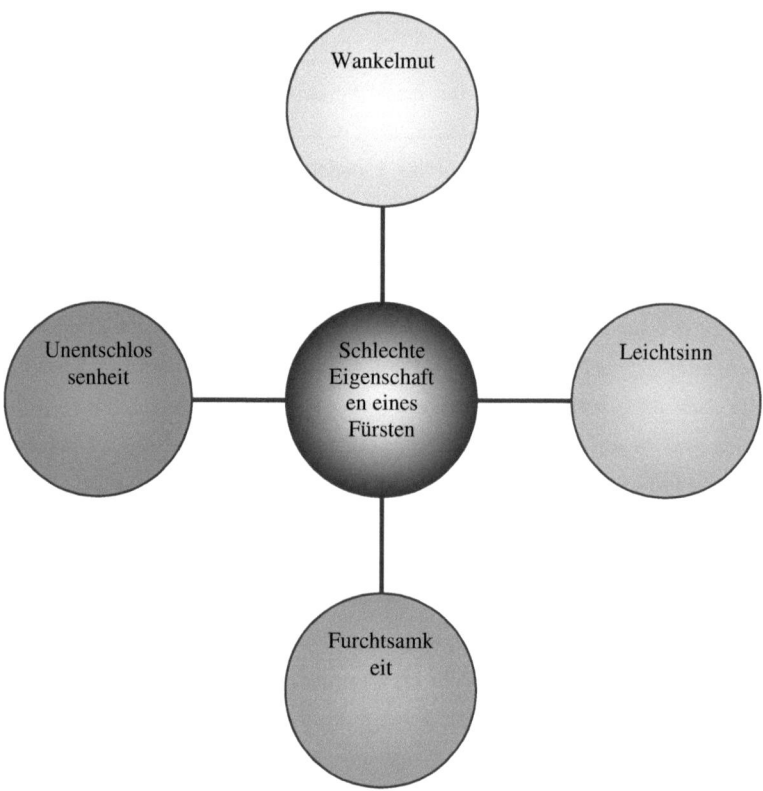

XX Ob der Bau von Festungen und viele andere Maßnahmen, die täglich von Fürsten ergriffen werden, nützlich sind oder nicht

Kurzzusammenfassung: Befestigungen sind nicht so wichtig wie die Unterstützung des Volkes. Festungen können gegen das Volk nicht gehalten werden, und ein von auswärtigen Feinden vertriebener Fürst kann es mit Unterstützung des Volkes leicht wieder an die Macht zurück bringen. Eine zentrale Frage ist die Bewaffnung des Volkes, zumindest in überkommenen Herrschaften. In neu eroberten Gebieten sollte das Volk dagegen entwaffnet werden.

Zitat: „Però la migliore fortezza che sia, è non essere odiato dal populo; perché, ancora che tu abbi le fortezze, e il populo ti abbi in odio, le non ti salvono; perché non mancano mai a' populi, preso che gli hanno l'armi, forestieri che li soccorrino." - „Die beste Festung, die es gibt, ist, vom Volk nicht gehasst zu werden; denn besitzt du auch Festungen, wirst aber vom Volk gehasst, so können sie dich nicht retten; einem Volk nämlich, wenn es einmal zu den Waffen gegriffen hat, fehlt es nie an Fremden, die ihm zu Hilfe kommen."

In diesem Kapitel werden zwei Gesichtspunkte der inneren und äußeren Sicherheit behandelt. Zum Einen stellt sich die Frage, ob ein Herrscher seine Untertanen bewaffnet oder nicht. Denn mit der Bewaffnung des Volkes durch den Fürsten gibt dieser ihnen natürlich ein Machtmittel in die Hand, das sie auch gegen ihn nutzen könnten. Machiavelli unterscheidet hier zwei konkrete Fälle. Im ersten Fall findet ein Herrscher ein Volk unbewaffnet vor bei seinem Herrschaftsantritt. Er sollte nun das Volk, oder vielmehr Teile des Volkes, bewaffnen. Die Teile des Volkes, welche bewaffnet würden, träten in ein besonderes Treueverhältnis zum Fürsten, weil sie mit der Bewaffnung auch sein Vertrauen ausgesprochen bekommen und Vorrechte erhalten. Die unbewaffneten Teile des Volkes würden diese Vorrechte nicht beneiden, weil auf der anderen Seite die Mitglieder des Volkesheeres ein größeres persönliches Risiko trügen als sie selbst. Durch die Volksbewaffnung stabilisiert der Fürst demnach seine Herrschaft.

Im Umkehrschluss destabilisiert ein Fürst seine Herrschaft, wenn er ein bewaffnetes Volk entwaffnet, da dieses hinter einem solchen Vorgehen entweder Misstrauen oder Furcht vermutet, was einem ungestörten Miteinander von Volk und Fürst abträglich ist.

Im zweiten Fall erobert ein Fürst einen neuen Staat. Hier muss er die Bewohner entwaffnen, damit die erwartbare Opposition gegen ihn nicht über Waffen verfügt. Die Ausnahme bilden hier diejenigen, die dem neuen Fürsten bei der Eroberung behilflich waren. Aber auch diesen traut Machiavelli nicht, aus dem einfachen Grunde, dass sie einmal gegen ihre Herrschaft rebelliert haben und wahrscheinlich mit der neuen Regierung mittelfristig auch unzufrieden sein werden. Daher gibt er den Rat, dass der Fürst dafür Sorge tragen solle, dass diese „weichlich und weibisch"[45] würden, damit die einzigen einsetzbaren Waffen direkt unter der Kontrolle des Fürsten stehen.

Hinsichtlich des Baus von Festungen gibt Machiavelli den klaren Rat, dass derjenige Fürst Festungen bauen sollte, „der mehr Furcht vor seinem Volk als vor Fremden hat"[46]. Wichtiger sei die Unterstützung des Volkes. „Die beste Festung, die es gibt, ist, vom Volk nicht gehasst

---

[45] Ebd., S.165.
[46] Ebd., S.171.

zu werden…"[47]. Machiavelli kommt hier zu einem wahrhaft salomonischen Urteil: „All dies in Betracht ziehend, lobe ich den, der Festungen baut und den, der keine baut; doch tadele ich jeden, der es im Vertrauen auf seine Festungen geringachtet, vom Volk gehasst zu werden."[48]

XXI Was ein Fürst tun muß, um Ansehen zu gewinnen

Kurzzusammenfassung: Das Ansehen eines Fürsten mehrt sich vor allem durch erfolgreiches Handeln und das Beziehen klarer innen- und außenpolitischer Positionen.

Zitat: „Nessuna cosa fa tanto stimare uno principe, quanto fanno le grandi imprese e dare di sé rari esempli." - „Nicht verhilft einem Fürsten zu so hohem Ansehen wie große Unternehmungen und außergewöhnliche Beweise seiner Tatkraft."[49]

Für Machiavelli ist vor allem der Fürst angesehen, der aktiv zum Wohle seines Landes handelt. Der Erfolg seines Handelns spielt hierbei eine entscheidende Rolle.
Außenpolitisch bedeutet dies zum Beispiel, dass ein Fürst nur Kriege führt, die er gewinnen kann. Ein gewonnener Krieg aber steigert sein Ansehen im Inneren und kann auch von inneren Konflikten ablenken.
Um im Ausland nicht für schwach gehalten zu werden, ist es außerdem wichtig, dass ein Fürst klare außenpolitische Positionen hat. Im Kriegsfall bedeutet dies, dass „…er ohne irgendeinen Vorbehalt sich für den einen und gegen den anderen erklärt."[50] In der Neutralität, so verführerisch sie auch sei, liege nämlich zumeist eine Falle verborgen. Denn ein befreundeter Staat ersucht ein Land um Beistand. Ein heimlich verfeindeter Staat will nur, dass ein Land sich in einem Konflikt neutral verhält, damit es zu seiner Zeit einzeln attackiert werden kann. Machiavelli kommt daher zu dem Schluss, das außenpolitische Neutralität schädlich sei. „Unentschlossene Fürsten begeben sich in den meisten Fällen, um augenblickliche Gefahren zu vermeiden, auf den Weg der Neutralität und gehen dabei meistens zugrunde."[51]
Im Hinblick auf die Innenpolitik soll ein Fürst vor allem darauf achten, einen Ruf von Tüchtigkeit und Tatkraft zu erlangen. Dies kann etwa durch publikumswirksame Auftritte wie

---

[47] Ebd., S.171.
[48] Ebd., S.173.
[49] Ebd., S.172f.
[50] Ebd., S.175.
[51] Ebd., S.175.

besondere Würdigungen von verdienten Bürgern oder harten Strafen für verhasste Verbrecher geschehen. Dadurch, dass der Fürst die in ihrem Fach hervorragenden Personen ehrt, gilt er schnell als Freund der Tüchtigen.[52] Auch seine Bürger sollen angeregt werden, ihrem Tagwerk nachzugehen, ohne Furcht vor Steuern. Vielmehr sollen diejenigen, welche den Wohlstand ihres Landes mehren, besonders geehrt werden.

Auch die gesellschaftlichen Korporationen (in Machiavellis Zeit in erster Linie Gilden und Zünfte) sollen durch den Fürsten gewürdigt und gelegentlich öffentlichkeitswirksam unterstützt werden.

Bei allem jedoch muss der Fürst darauf achten, dass sein Rang nicht in Vergessenheit gerät. Wahrscheinlich favorisiert Machiavelli hier eine höflich distanzierte Annäherung an die Bevölkerung.

XXII Über die Minister des Fürsten

Kurzzusammenfassung: Nach Machiavelli gibt es drei Arten von Intelligenz: „die eine versteht alles von selbst, die zweite erkennt, was andere verstehen, und die dritte versteht weder etwas von selbst noch mit Hilfe anderer." Gute Minister sind jene, die an den Fürsten und nicht an sich denken; sie müssen durch Ehrungen, Ämter und Reichtum an den Fürsten und seine Herrschaft gebunden werden.

Zitat: „Non è di poca importanzia a uno principe la elezione de' ministri; li quali sono buoni o no, secondo la prudenzia del principe." – „Von nicht geringer Wichtigkeit ist für einen Fürsten die Auswahl seiner Minister; ob diese gut sind oder nicht, hängt von der Klugheit des Fürsten ab."[53]

Das 22. Kapitel seines Fürstenspiegels handelt von den Ministern und Beratern eines Fürsten. Ein Fürst ist auf diese angewiesen, um die Regierungsgeschäfte zu tätigen. Gleichzeitig sagt Machiavelli, dass sich die Allgemeinheit zuerst nach der Umgebung eines Fürsten, und damit in erster Linie auch nach seinem Spitzenpersonal, ein Bild von der Leistung des Fürsten macht. Kompetenz oder Inkompetenz der Berater fallen also direkt auf den Fürsten zurück. Daher ist es für diesen von zentraler Bedeutung, gute Berater auszuwählen.

Machiavelli unterscheidet hier drei Arten von Intelligenz bei Fürsten: Die erste Art versteht alles selbst, die zweite ist Argumenten zugänglich, die dritte versteht nichts. Letztere Art der

---

[52] Vgl.: ebd., S.179.
[53] Ebd., S.180f.

Intelligenz ist für einen Fürsten nutzlos, denn ein inkompetenter Herrscher verfügt nicht über die geistigen Grundlagen zur Herrschaft. Der Fürst ist hier auf Gedeih und Verderb an seine Berater gebunden, die, wenn sie erst gemerkt haben, dass sie ihrem Dienstherrn alle Ratschläge unterjubeln können, zu heimlichen Herrschern werden.

Die erste Art der Intelligenz ist hervorragend, da sich der Fürst immer ein eigenes Bild machen kann und danach handelt. Die zweite Art der Intelligenz verarbeitet die Ratschläge der Minister, und hindert diese daran, für ihren eigenen Nutzen zu arbeiten.

Gegenüber seinen Ministern muss der Fürst darauf achten, dass er selbst immer das letzte Wort hat, um seine Autorität unbedingt zu erhalten. Gleichzeitig soll der Fürst nach Machiavelli loyale Ratgeber großzügig belohnen, um ihre Einsatzfreude zu erhalten.

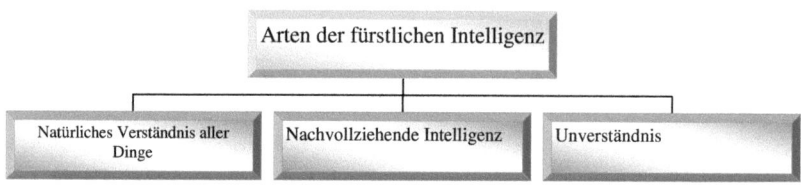

XXIII Wie Schmeichler zu meiden sind

Kurzzusammenfassung: Es ist für einen Fürsten schwierig, gute Berater zu finden. An den Höfen wimmelt es von Schmeichlern, die ihm nach dem Mund reden. Ehrliche Berater hingegen müssen ständig erinnert werden, dass der Fürst die Entscheidungen allein trifft.

Zitat: „Perché questa è una regola generale che non falla mai: che uno principe, il quale non sia savio per se stesso, non può essere consigliato bene, se già a sorte non si rimettessi in uno solo che al tutto lo governassi, che fussi uomo prudentissimo. In questo caso, potria bene essere, ma duererebbe poco, perché quello governatore in breve tempo li torrebbe lo stato." –
„Es ist nämlich eine allgemeine Regel, die nie fehlgeht, daß ein Fürst, der nicht selber klug

ist, auch nicht klug beraten werden kann, es sei denn, er verließe sich ganz auf die Führung eines einzelnen ganz besonders klugen Mannes. In diesem Fall könnte er gut beraten werden, doch würde es nicht lange dauern, denn jener, auf dessen Führung er sich verlassen hat, würde ihm nach kurzer Zeit die Herrschaft entreißen."[54]

Ein Fürst befindet sich in einem natürlichen Dilemma. Wenn ihm jeder die Wahrheit ins Gesicht sagt, bleibt die Ehrerbietung aus; sagt ihm hingegen keiner die Wahrheit, macht er leichter aus Unwissenheit oder Fehleinschätzungen heraus Fehler. Die Lösung ist, sich für die Regierung weise Männer auszuwählen, „denen allein er die Freiheit gewährt, ihm die Wahrheit zu sagen, und zwar nur über die Dinge, nach denen er fragt, und über nichts anderes. Er soll sie aber über alles um Rat fragen und ihre Meinungen anhören…"[55]

XXIV Warum die Fürsten Italiens die Herrschaft verloren haben

Kurzzusammenfassung: Zu Machiavellis Zeit gab es nicht nur kein geeintes Italien, durch die französische Invasion und die Präsenz von Reichstruppen schien die italische Halbinsel unter Fremdherrschaft zu fallen und den europäischen Mächten als Kriegsschauplatz zu dienen. Machiavelli führt verschiedene Ursachen der Schwäche Italiens an: Im Heerwesen haben die Fürsten auf Söldner gesetzt, das Volk zum Feind gehabt, sich nicht gegen die Großen im Land gesichert; d.h. die Fürsten haben ihre Herrschaft durch Feigheit und Unvorbereitetheit verloren.

Zitat: „Pertanto, questi nostri principi, che erano stati molti anni nel principato loro, per averlo di poi perso non accusino la fortuna, ma la ignavia loro: perché, non avendo mai ne' tempi quieti pesnsato che possono mutarsi […], quando poi vennono i tempi avversi, pensorono a fuggirsi e non a defendersi…" – „Daher sollten unsre Fürsten, die viele Jahre die Herrschaft innehatten, nicht das Schicksal wegen deren Verlust anklagen, sondern ihre Feigheit; da sie nämlich in friedlichen Zeiten nie erwogen hatten, daß diese sich ändern könnten […], dachten sie – als dann widrige Zeiten kamen – nur an ihre Flucht statt an ihre Verteidigung…"[56]

---

[54] Ebd., S.186f.
[55] Ebd., S.187.
[56] Ebd., S.190f.

Machiavelli geht mit den Fürsten Italiens in diesem Kapitel hart ins Gericht. Diese haben zum Teil in den Wirren der Zeit ihre Herrschaften verloren. Laut Machiavelli beklagen sie sich nun, dass sich das Schicksal gegen sie verschworen habe. Sie seien aber selbst an dem Verlust ihrer Macht Schuld. In guten Zeiten hätten sie, wie es wohl nach Machiavelli eine allgemeine menschliche Eigenschaft ist, nicht an schlechtere Zeiten gedacht und daher keine Vorsorge getroffen. Stattdessen lieferten sie sich nach Machiavelli der Illusion aus, das Volk werde die Usurpatoren nach einiger Zeit verjagen und die alten Fürsten wieder an die Macht bringen. Viele Fürsten hätten grundlegende militärische Fehler begangen, indem sie sich auf so teure wie nutzlose Söldnerheere verließen, oder sich gar die eigene Bevölkerung zum Feind machten, so dass sie über kurz oder lang auch ohne das Eingreifen einer fremden Macht (wie der Franzosen im konkreten Fall) ihre Herrschaft verloren hätten.

XXV Was Fortuna in den Angelegenheiten der Menschen vermag und wie man ihr entgegentreten soll

Kurzzusammenfassung: Zur Hälfte ist Fortuna Herrin des Schicksals, die andere Hälfte überlässt sie den Menschen. Ein Fürst muß seine Handlungsweise den Zeitumständen (qualità dei tempi) anpassen, um dauerhaft Erfolg haben zu können.

Zitat: „Nondimanco, perché il nostro libero arbitrio non sia spento, iudico potere essere vero che la fortuna sia arbitra della metà delle azioni nostre, ma che etiam lei ne lasci governarel'altra metà, o presso, a noi." – „Dennoch halte ich es – um unseren freien Willen nicht auszuschließen – für wahrscheinlich, daß Fortuna zwar zur Hälfte Herrin über unsere Taten ist, daß sie aber die andere Hälfte oder beinahe so viel unserer Entscheidung überläßt."[57]

Zu Anfang des Kapitels führt Machiavelli die gängige Meinung an, dass Fortuna das Schicksal der Menschen bestimme und diese keinen Einfluss hätten auf sie. Er hält dem entgegen, dass er es für wahrscheinlicher halte, dass Fortuna zwar eine Hälfte des Schicksals bestimme. Die andere Hälfte jedoch sei der Entscheidung der Menschen überlassen. Machiavelli vergleicht Fortuna hier mit einem Hochwasser führenden Fluss. Dieser ist reißend und unwiderstehlich, aber er richtet die schlimmsten Verwüstungen dort an, wo sich

---

[57] Ebd., S.192f.

die Menschen nicht durch Dämme und Deiche gegen ihn gesichert haben. Genauso verhalte es sich mit Fortuna. Italien sei nur deshalb ein Spielball Fortunas geworden, weil es schwach gewesen sei und sich nicht gegen eventuelle Schicksalsschläge gesichert habe.

Als nächsten Punkt bemerkt Machiavelli, dass ein Fürst mit demselben Verhalten in der einen Situation Erfolg habe und in einer anderen Situation untergehe. Also könne man die Klasse eines Fürsten nicht nur nach seinem Handeln bewerten. Hier führt Machiavelli die Kategorie der „qualità dei tempi" ein, der Zeitumstände. Je nachdem, wie die äußeren Bedingungen sind, und dies zu ergründen, schließt eine aufwendige Analyse aller Zeitumstände mit ein, verspricht entweder ein maßvolles Agieren oder ein ungestümes Vorgehen eines Fürsten Erfolg. Der Schlüssel zu dauerhaften Erfolg liegt darin, dass der Fürst fähig sein muss, sich an die Zeiten anzupassen. Die meisten können das nicht. Sie bleiben in ihren gewohnten Bahnen und gehen schließlich unter. Generell hält Machiavelli es für besser, wenn der Fürst ungestüm vorgeht, „denn Fortuna ist ein Weib, und es ist notwendig, wenn man sie niederhalten will, sie zu schlagen und zu stoßen."[58] Machiavellis Frauenbild soll an dieser Stelle unkommentiert bleiben.

XXVI Aufruf, sich Italiens zu bemächtigen und es von den Barbaren zu befreien

Kurzzusammenfassung: Machiavelli zeichnet ein dunkles Bild des Italiens seiner Zeit. Das Land sei verheert, geplündert und von den Barbaren heimgesucht. Dies sei nicht die Schuld der Bevölkerung, sondern die der Fürsten, welche das Land in Zersplitterung gehalten hätten und vor allem ein ungenügendes Militärwesen unterhalten hätten. Italien hätte frei, geeint und mächtig sein können und könne es immer noch werden.

Zitat: „In modo che, rimasa come sanza vita, aspetta qual possa essere quello che sani le sue ferite, e ponga fine a' sacchi di Lombardia, alle taglie del Reame e di Toscana, e la guarisca di quelle sue piaghe già per lungo tempo infistolite." – „Solcherart, gleichsam leblos geworden, erwartet Italien den, der imstande wäre, seine Wunden zu heilen, den Plünderungen der Lombardei, der Ausbeutung des Königreichs Neapel und der Toskana ein Ende zu setzen und es von seinen seit langer zeit brennenden Wunden genesen zu lassen."[59]

---

[58] Ebd., S.199.
[59] Ebd., S.200f.

Das letzte Kapitel des Principe setzt die Schrift in den Zusammenhang ihrer Zeit. Italien erlebt politische Wirren und die Invasion fremder Mächte. Machiavelli schildert die tiefe Demütigung der italienischen Nation durch Verheerungen und Plünderungen durch die „Barbaren". Gleichzeitig aber eröffnet er, und dies ist eine seine großen Stärken, an diesem Tiefpunkt die Perspektive für einen italienischen Aufstieg. Denn erst in der größten Not zeige sich die virtù großer Persönlichkeiten. Machiavelli bemüht hier unter anderem das Beispiel des alttestamentarischen Volkes Israel. Hätte sich dieses nicht in der Knechtschaft in Ägypten befunden, hätte Moses niemals die herausragende Rolle zufallen können, die er einnahm. Genauso, so Machiavellis Argumentation, waren die Zeiten nie besser für einen uomo virtuoso, als zur Gegenwart mit all ihren Fährnissen.

Als den „Retter der italienischen Nation" bezeichnet Machiavelli in diesem Kapitel das Geschlecht der Medici. Beziehungsweise, genau genommen sagt er, es sei „zur Zeit niemand in Sicht, auf den es [Italien] größere Hoffnungen setzen könnte..."[60], was ein feiner Unterschied ist. Nun biete sich die große Chance, zumal die Medici derzeit auch den Papst stellen und dadurch eine nicht zu verachtende Meinungsmacht in Italien haben, sich an die Spitze der italienischen Einigung zu stellen. Opposition bräuchten die Medici dabei nicht zu fürchten (unter der Vorraussetzung natürlich, dass sie erfolgreich sind). Denn die Herrschaft der Barbaren sei in Italien so verhasst, dass diejenigen, die es von ihr befreien würden, in allen Teilen Italiens mit offenen Armen empfangen werden würde[61]. Ähnlich den deutschen Fürsten 1870 hätten die kleinen italienischen Herrschaften keine andere Wahl, als sich der Bevölkerung anzuschließen und die „Retter Italiens" – auch gegen ihre eigenen Interessen, denn natürlich hat ein Provinzfürst keinen Nutzen von einem geeinten Italien, dass seine Macht beschränkt – zu unterstützen.

Dieses letzte Kapitel des Principe beschreibt das grundlegende Ziel der ganzen Schrift – die politische Einigung Italiens unter dem uomo virtuoso.

---

[60] Ebd., S.201.
[61] Ebd., S.207.

Ausblick: Was macht den idealen Fürsten Machiavellis aus?

Nach dieser kurzen Vorstellung des Principe soll an dieser Stelle nicht versucht werden, in der Rekapitulation ein Bild eines Fürsten zu erstellen, wie er das Gefallen Machiavellis finden würde. Es soll hier auch kein Handlungskatalog entstehen nach der Manier: „Wie muss ich mich verhalten, um in diesem oder jenem Metier erfolgreich zu sein?" Diese Niederungen der Machiavellirezeption werden der Tiefe seines Denkens nicht gerecht, da die Anpassung an die Zeitumstände ein zentrales Element von Machiavellis Konzept ist und damit die Variabilität des Erfolg versprechenden Handelns je nach Kontext jeden Katalog zunichte macht. Machiavellis Fürst ist wohl in erster Linie ein Opportunist mit Sinn für Notwendigkeiten und Gelegenheiten. Dies macht es so schwierig, ein Bild des Fürsten zu zeichnen. Denn je nach den Zeitumständen und der Gesellschaft, in welcher der Fürst herrscht, führen völlig verschiedene Handlungsweisen zum Erfolg. Nichtsdestotrotz bleibt eine grundlegende Eigenheit des machiavellischen Fürsten: Er ist aktiv. Stets versucht er, in jeder Situation die größtmöglichen Erfolge zu erzielen. Niemals würde Machiavelli hingegen den Rat geben, passiv auf bessere Zeiten zu warten. Seiner Vorstellung von der Schicksalsmacht Fortuna entsprechend führt dies in den sicheren Untergang. Der Principe ist daher dazu verdammt, immer neue Handlungsalternativen zu ersinnen und alle Eventualitäten, das heißt alle inneren und äußeren Ereignisse, die seine Herrschaft beeinflussen könnten, zu kalkulieren, wenn er Erfolg haben will. Und da Machiavelli die Moral als mögliches Bewertungsmuster für eine Herrschaft ausgeschlossen, ist der Erfolg letztlich das Einzige, an dem sich der Principe messen lassen muss.

Zugespitzt gibt es bei Machiavelli im politischen Spiel keine festen Spielregeln. Der Gewinner hat gewonnen, das zählt. Ob er seine Mitspieler hintergangen hat, ist nach Machiavelli letztendlich deren Problem.

Nicht umsonst gibt Machiavelli wegen dieser von ihm beschriebenen Unvereinbarkeit von Moral und Politik allen Bürgern den Rat, lieber Privatmann zu bleiben, um des eigenen Seelenheils willen.

Literaturverzeichnis

Philipp Rippel (Hg.): Niccolò Machiavelli: Il Principe. Der Fürst, Stuttgart 1986.

Alle Abbildungen vom Autor selbst erstellt.